# Et si <sub>i</sub>

# Sandrine Adso

# Et si

L'éventualité, que j'imagine de ton rêve, donne force et possible, à toute mon immanence, vers nos commencements d'amour onirique.

Édition : BoD - Books on Demand, info@bod.fr
Impression : BoD – Books on Demand, In de Tarpen 42,
Norderstedt (Allemagne)
Impression à la demande
ISBN : 978-2-3225-1970-5
Dépôt légal : Janvier 2024

# Et si j'étais

Et si j'étais le temps
Me laisserais-tu souffler sur le vent,
Pour atteindre les douces collines,
Qui dans la clarté illuminent
Les dernières étoiles
Couchées sur le voile
De ce premier matin
Où ma main a senti
L'extase infinie :
La pluie
Comme ta promesse de lendemain.

C'est le chant du ciel
Qui s'écoule vers les gorges belles
Où s'amusent ensemble
Le vent et le soleil
Et tremblent
Pour métamorphoser la merveille
Et laisser s'asseoir,
Ici, là encore l'espoir.

Et si tu ne partais jamais
Pour que tu goûtes toujours le miel de mes baisers
Parce que ta bouche
Est le plus bel endroit, sur lequel je me couche.


Parce que mes nuits t'appartiennent
Comme autant de rivages dryennes.


Avant ton départ, je veux goûter la pluie sur tes yeux
Et rallumer ces feux,
Qui font chanter les magiciens ;
Ceux du matin,
Ceux de tes mains.


Parce que l'aube se lève quand tu bouges les doigts
Et se réjouit d'atteindre ainsi, le sommet des rois.


Si tu ne partais jamais
Je m'assiérais à tes côtés
Pour te parler,
Sans aucun doute, de cette nuit,
Des amants qui connaissent la folie
De se séparer,
De pleurer,
D'espérer sans cesse
Se retrouver avec passion, avec tendresse.

Laisse-moi vivre auprès de toi, toute une vie
Pour contempler l'éternité
Dans tes bras alanguis
De parfums lourds et embrumés
Où la seule boussole qui me guide est le son de ta voix,
Qui comme un chant
Me dirige dans le vent.

Tout ce vent, qui me sépare de tes bras
Et l'espace devient un abîme d'océan
Dans lequel les perles se colorent de toi,
De ton visage, chaque jour plus troublant.

Merci de ne jamais partir,
De toujours vouloir revenir,
Merci de m'écouter,
Comme un soleil d'été.

Et si tu ne partais jamais

J'irai poser à tes pieds
La couronne et le sacrement
De ta bravoure et de ta bonté.

Si encore une fois le soleil,
Pouvait faire naître le jardin
Dans un tendre éveil,
Baigné par les quatre fleuves du matin.

Si je pouvais remplacer ton soleil et caresser ta peau en permanence,
Sentir ton cœur palpiter sur la même cadence,
Avec la même souplesse que la licorne quand elle avance vers toi
Te rapporter les mots que je chante tout bas,
Rien que pour toi.

Parce que tu es mon système solaire,
Mon premier mot, mon chant, ma prière.

Tu es la justice du faible et du pauvre, le sourire d'un enfant
Et je te veux vibrant,
Et je te sens brillant
Et doux, comme un soleil de printemps.

Tu es mon premier vent
Qui me rapporte les histoires de l'océan,
Et des contrées magnifiques
Où tu règnes en roi depuis des temps antiques.

Et, oui je t'ai donné mon cœur
Comme l'arc en ciel donne ses couleurs
Aux cieux, partagés entre la lumière et la pluie,
Tu fais naître en moi, la vie.

Et je te chéris, comme un amant,
Comme un enfant.

Si j'étais ton soleil
Je t'offrirais de doux réveils
Dans la lumière cristalline
D'un diamant que les fées dessinent
Du bout de leurs doigts sur des papiers transparents,
Qui ne se perdent pas dans le vent,
Qui sont juste là,
Parce que j'ai décidé que c'est toi,
Mon roi.

Avec les premières fleurs du matin,
Je tresserai ta couronne champêtre quand vient,
L'immense désir de la femme que je suis,
Pour l'homme que tu es,
Tu es cette vie,
Qui dans mon âme a choisi de danser.

Si le chemin, c'était toi
Je marcherai à côté de toi,
Doucement,
Au rythme du vent,
Au calme de la quiétude
Aux premiers frissons de la fin d'une solitude.

Et je contemplerais la splendeur de ton visage
Et je poserais ici et là des nuages
Pour que l'air soit doux
Et qu'au bord de l'horizon, se pose ce nous
Qui me fait t'aimer
Chaque jour, un peu plus près
Du cristal divin,
Qui devient,
Le rayon central de ce chemin,
Qui me fait avancer vers toi,
Qui me fait fusionner parmi tes pensées
En milliers de bouquets.

Et toutes les fleurs se tournent vers toi
Parce que tu es un soleil à chacun de tes pas,
Parce que tu es l'arbre qui monte vers le ciel,
Parce que tu es la goutte d'eau qui glisse vers la terre.

Tu es toutes les lumières
Tu es la sentinelle
Aux portes de la cité,
Qui promet l'éternelle paix.

Si le chemin c'était toi,
Ma certitude se poserait comme deux mains sur ton front blanc
Pour apaiser un par un, chacun de tes tourments
Et pour respecter tes lois.

Tu es ce chemin bleu
Où s'attardent les dieux
Vainqueurs, souverains
Sur les titans puissants, mais incertains,

Tu es la joie de l'homme qui cueille le premier grain de blé,
À toi, les chemins vers les découvertes sacrées
À toi, le pectoral d'Aaron,
La première lueur qui monte vers l'horizon
La beauté des douze gemmes, des douze tribus,
À toi, mes pensées nues.

Si le vol de l'oiseau
Montait de plus en plus haut,
Pour se poser aux portes de l'Olympe redouté
Dans un orage turbulent et sacrifié,
Là où vont se coucher les dieux
Sous la tutelle de Zeus, le jeteur de feu.

Si le vol de l'oiseau
S'envolait avec ton rire
Accepterais-tu le cadeau
Que je t'offre, de tout mon avenir ?

Verrais-tu s'engouffrer
Les vents sanctifiés
Dans la bouche sucrée de la fée.

Ce matin, encore elle fait l'éloge d'Éole
Ce matin, encore on a dit d'elle la folle.

Alors elle a pleuré
Car son seul secret tourmenté
Est d'aimer.

Et je suis comme elle
Mais, plus encore fidèle
À tous ces bonheurs
Que l'on conçoit comme des faveurs.

Si le vol de l'oiseau était lent et spacieux
Comme une arabesque dans les cieux,
Souple, comme les volutes d'une fumée
Qui lentement va se transformer
En braise, puis en or,
Alors Moïse n'aurait plus à faire le terrible effort
Du choix : entre la braise et la couronne de pharaon…


L'oiseau qui a remué l'air
A élevé au-delà de la terre
Tous les supplices infligés aux esclaves
Qui dans le cercle sacré, cette enclave
Toujours convoitée
A chanté, comme un refrain, le mot liberté.


L'oiseau est plus libre que la pluie
Il sait monter vers le ciel, oubliant l'apesanteur
Il sait que la vie
Quelquefois se rebelle dans un pleur.

Ne serait-ce qu'un instant,
Cette force qui me pousse à t'aimer.
Cette vie qui parcourt mon sang
Et qui a ton parfum, ni sucré, ni salé.


Mais celle d'un roi, d'un Homme que je connais si fort
Et que je veux protéger encore et encore,
Parce que tu es bon comme le vent d'été,
Parce que tu es doux comme le jeune faon qui vient de s'éveiller.


Mon amour pour toi,
Ne cessera
Et grandira
Aux pourtours de ton palais d'amour
Où j'ai placé secrètement une couche, pour près de toi,
Attendre le jour,
À la lisière entre l'amour et la passion,
À la lisière entre mon parfum et ton prénom.

Si tu pouvais me chanter,
Cette belle aube qui tremble et puis,
Qui sûre d'elle fait venir ta clarté
Juste devant moi, juste devant ma vie.

Alors je saurais dessiner avec mes mains
Ton premier matin
Qui chaque jour
Fait couler jusqu'à toi, le fleuve de l'amour.

Tu baignes dans ma vie, dans la lumière,
Tu es semblable à la licorne princière
Qui allume des étoiles aux pieds de tous les enfants,
Qui fleurit des nuages aux sommets de tous les vents.

Et je pose sur ta route, toutes les fleurs de la victoire,
Tous les chemins de ton histoire,
Et je compte pas par pas,
Tous les baisers qui me séparent de toi.

Et mes nuits sans l'ombre de ton ombre,
Et ces instants dans la pénombre,
Exhalent le soupir
De ces fulgurants désirs,
Que je caresse du bout des doigts
À chaque fois que je t'aperçois.

Si tu pouvais me chanter
Cette première nuit étoilée
Dans laquelle le feu aura tôt fait de prolonger nos lumières
Jusqu'au firmament des sons de l'unique prière
Que mon cœur et mon corps
Rassemblent dans un corps à corps
Où souffle encore,
Ta première question.


Si tu pouvais m'emmener caresser l'horizon,
J'entendrais la chanson
De la déesse qui pleure
Lorsque ton cœur,
Est tourné
Du côté,
Des pas interdits.


Tu m'apprends le possible et le beau
Et je trouve chacun des mots,
Où s'échappe ton rire.

Si tu pouvais savoir
Ce que je te pose dans mon regard,
Alors tu verrais ces milliers de gouttes de lumière,
Monter au printemps de la terre
Qui t'a fait voir le jour
Et que je chéris dans des fleurs d'amour,
De toutes couleurs
Pour tous tes bonheurs.

Tu es la certitude de chaque instant,
Tu es le feu qui chauffe le vent
Et l'emmène dans tous ces moments
Où j'ai peur sans toi.

Si tu pouvais savoir,
La douceur des soirs
Aux portes du sanctuaire,
Aux portes de l'étrange mystère,
Qui fait monter ton nom
Sur les colonnes de marbre blanc
Le long de l'unique saison
Qui dure tout un printemps.

Si tu pouvais savoir le geste de mes mains
Sur les marches de ton destin :
À chacun de tes pas, j'irais poser une étoile
Pour que tu entrouvres les voiles,
De ma bouche et de mes baisers.

Si tu pouvais savoir la joie qui m'anime
Lorsque devant ma porte, ton corps se dessine !

Si tu pouvais vivre l'éternité
Parmi ces lignes couchées
Pour toi,
Sur le velours de mes doigts.


Je suis la forge de tes brasiers,
Tu es la flamme de mes voyages interceptés
Par tes impatiences
Et je brûle de cette chance
De te connaître pour la première fois de ma vie,
Je te vois, te dis oui.


Je t'attends tous les jours au bord des rivages
De tes murmures sauvages,
Qui font ta force et ton défi.

# Si tu te couchais

Si tu te couchais,
Devant la porte de mes yeux
Peut-être, verrais-tu ces immenses forêts
Où le soleil joue aux jeux
De l'ombre et de l'éclat,
De l'esclave et du roi.

Si tu te couchais,
Un jour épuisé
De toutes ces guerres
Pour purger toutes les terres
Du mal et de la douleur,
Si tu te couchais, je t'offrirais mon cœur
Pour que tu te redresses et acceptes la victoire
De ces quelques instants, de la gloire
D'être le seul homme qui ne craint, ni l'orage
Ni la tourmente soudaine.

Tu peux dès lors, voir le visage
De cet amour qui a effacé la haine
De cette folie qui me fait courir vers tes bras
Chaque fois, que tu n'es pas là.

Parce que tu es l'instant,
Qui sépare le temps du vent,
Qui sépare les fleuves des océans.

Et la même nuit,
Je me couche et te souris
Pour te prononcer le mot merveilleux,
Qui fait pleurer mes yeux :
Paix dans les cœurs,
Paix sur la terre.

Pour que la mer
Et les frontières
Soient couvertes de fleurs,
Pour que ta bouche goûte le miel sacré
Des êtres élus à l'heureuse destinée,
D'aimer
Et d'être aimé,
Plus que la seconde de vie première,

Alors, je viendrais à toi dans cette lumière
Que tu as couchée aux confins de la terre,
Et je te parlerais
De tout cet amour que tu as créé.

# Si tu voulais

Si tu voulais bien te regarder dans le miroir,
Qui pleure et murmure quand tombe le soir
Peut-être verrais-tu toutes ces merveilles que tu portes en toi,
Comme les caresses que l'on offre à ce cheval-là
Qui devient doucement licorne bleue
Et qui se dresse quand tu plonges dans ses yeux.

Si tu voulais bien partager ses galops
Qui entraînent les lutins, dans la chambre aux rideaux
D'une chambre où je berce chacun de tes regards
Soucieuse, du moindre retard,
Soucieuse, de la moindre pluie.

Pour délivrer dans la joie
Le soupir des rois,
Ceux qui n'échappent ni aux matins, ni aux soirs
Et qui gravissent d'immenses escaliers
Que l'amour a placé dans ton palais.

Si tu voulais chanter
J'emporterais ton chant aux premières orées
Du silence,
De ta confidence,
Lorsque tu murmures au bord des ruisseaux
L'unique mot :
Oui.

Oui,
À la fleur qui fleurit,
Oui,
À l'oiseau qui prend son envol dans la vallée
Et qui après bien des voyages,
Se pose, enfin devant tes pieds.


Parce que tu es la liberté,
Du prisonnier injustement condamné.


Si tu voulais, anéantir les ténèbres les plus sombres
Je glisserais le cristal dans la pénombre,
Je mettrais des rubans dans mes cheveux
Et je t'offrirais l'un d'entre eux
Pour que tu puisses, toi aussi
Rire dans le vent
Et faire du temps
L'unique saison,
De notre passion.

## Si le vent soufflait

Si le vent soufflait doux et chaud vers toi,
Peut-être chanterais-tu un peu plus fort, ce jour-là
Peut-être la musique t'emmènerait doucement vers moi.

Je t'attends au bord du temps
Au bord de l'abîme des géants
Là où les réveils sont toujours surprenants.

Parce que la brume sait s'effacer soudainement,
Parce que la clarté sait y revenir au même instant
Et s'envoler dans un ciel étrangement bleu
D'un bleu, qui apparaît soudain dans tes yeux,
Toi qui as les yeux aussi noirs que la plus grande nuit,
Acceptes-tu la douce folie
De voyager dans les vents,
De mes joies et mes tourments ?

Parce que le vent sait souffler depuis la rose cardinale,
La rose des vents qui, ancestrale
Me parle déjà de toi
Alors que je ne te connaissais pas.

Je t'ai connu au pays de la titanomachie
Quand Gaïa pleurait ses enfants.

Si le ciel s'ouvrait
Pour laisser fuser ton sourire
Au pays des soupirs,
Là où mon cœur rejoint ton éternité.

Pour qu'encore une fois
Sur ma peau se mêlent le chaud et un peu de toi.

Car depuis toujours, je n'attends que toi
Depuis hier, depuis maintenant
Depuis le soleil et le vent
Depuis le premier moment, le premier instant.

La pangée avait cru m'offrir une terre,
Elle n'avait fait que monter mes prières
Vers l'espoir secret de toi,
Vers l'espoir secret de ton au-delà.

Et mes chants montent dans les cieux
Pour atteindre des solfèges miraculeux
Où les dièses et les bémols se rajoutent aux soupirs,
Où les partitions offrent à l'unisson
Tous les diapasons
De tes désirs.

Alors quelquefois le ciel s'ouvre et laisse flotter le vent
Vers les rêves les plus troublants.

Si mon rêve
Voulait bien rejoindre ton rêve,
Irions-nous ensemble sur un sentier onirique
Vers des portails antiques ?

La nuit continuerait-elle à s'écouler
Dans un autre espace, auprès
Du sablier envoûté,
Du sable, des plages éternelles ?

Où le soleil s'est montré doux et éternel,
Où les nuits se sont faites de velours fidèles
Comme les chats du crépuscule
Qui au milieu des lions se dressent et bousculent
Toutes les étoiles
Dans un jeu où le rêve déchirerait sa toile ?

Ce matin, je suis venue avec mes pourpres et mes satins
T'offrir le premier rêve ouvert vers demain
Comme la page d'un parchemin
Comme l'étoilée du pays des vents soudains.

Et j'ai senti tes parfums
Et j'ai vu vibrer tes mains
Comme des guitares andalouses.

## Si la musique

Si la musique ouvrait toutes les portes
Qui me séparent de toi,
Si la musique devenait l'escorte
Du petit matin à la nuit ouverte,
De ma bouche et de ma vie offertes…


Alors tu t'imaginerais en clé de sol ou en clé de fa
Et les notes, toutes bleues monteraient jusqu'à toi,
Depuis moi.


Et tu prendrais la lyre du roi
Pour faire danser nos émois,
Pour que les silences pèsent sur l'harmonie
Pour que l'arpège devienne vie.


Et ta musique avec moi s'élèveraient vers des cieux interdits
Où seul l'amour chanterait l'infini
Pour aider la page blanche
À ne pas devenir nuit
Pour aider la lumière et ton cœur qui s'épanchent
Vers des bassins qui de l'Alhambra
Font encore rugir les lions.


Parce que la musique est le premier pas
Pour à ton cœur ouvert, faire le don.

Si je pouvais pouvoir
Et surtout t'offrir
La fleur de l'espoir,
Et te voir sourire.


Ma joie s'avancerait immense
Sur les marches du palais de ta providence,
Et ce rire qui depuis ma gorge
Exploserait les portes où crépite la forge
Où s'animent tour à tour
Le golem de l'amour
Et la mandragore victorieuse du feu.


Je peux être et t'offrir, à la fois les deux
Je peux être l'amour et le feu vertigineux.


Je suis au diapason
Toujours proche
De ta première extase,
Et pardon si je vis dans cette emphase
À la fois, chanson,
À la fois rose et roche,
À la fois espoir
Et desespoir.


Tu seras pour toujours
Mon système solaire
Mon premier jour d'amour
Et de mystère.

# Si tu m'entendais

Si tu m'entendais rire le Cantique des Cantiques
Si tu m'entendais rassembler les clefs
Pour t'ouvrir les portes du jardin antique
Dans lequel je suis née pour t'aimer,
Parce que tu es le seul à comprendre mon langage,
Parce qu'un jour je poserais mes mains sur ton visage :
Sculpture divine au bout de mes doigts,
De bronze, d'argile et d'or à la fois.
Toute chryséléphantine d'ores et déjà unique
Parce que tu aurais entendu mon pas non loin de la crique
Qui de la mer a encore éclaboussé
L'ouvrage commencé, puis oublié.

Je suis allée chercher la conque salée
Pour souffler ton prénom
Aux quatre coins de la mer, suivante de l'horizon.

Et depuis ton palais sous les flots,
Peut-être aurais-tu entendu ce mot,
Ce mot qui suit toutes les "il était une fois"
Ce mot qui veut dire : "oui",
Ce mot qui veut dire : "toi",
Ce mot qui veut dire : "vie".

Et qui pour toujours nous réunit
Dans un cercle de fleurs et de prairies.

## Si pour toi l'étoile

Si pour toi l'étoile à petits pas
Si pour toi Salomon-roi
Dans le ciel transi de la Genèse
Dans la première fois de la première création,
Sous un ciel ardent et rouge comme la braise.
Si pour toi, l'étoile de ton prénom.

À la fois *"stellaire"* et *"bien aimé"*, David tu es le bouclier
La joie, l'amour et la fierté de toute une terre
Un peuple, vibrant devant la montagne sacrée
Et, qui pour Canaan, fut la première prière :
*"Je suis l'Éternel, ton Dieu,*

*...*

*Tu n'auras point d'autre Dieu que moi"*[i].
Et si plus tard, l'étoile de feu
A guidé les trois rois,
Les rois mages jusqu'à Bethléem,
Le temple se dressa à Jérusalem.

C'est dans la lumière de l'étoile
Que j'irai
La nuit tombée
Laver tes sandalles
À la rosée du puits d'eau.

Afin qu'au petit jour, tu puisses marcher
Dans la lumière
De la terre bénie.

## Si le vent fleurissait

Si le vent fleurissait, au bout de tes mains
Comme un premier élan dans le matin,
Y aurait-il ces fleurs colorées
De sable et de gaieté ?

Et dans ce vent, le souvenir de la mer
Comme un diadème posé sur la terre,
Le souvenir du ressac et de l'écume
Et ce vent qui disperse les brumes
Sauvages et profondes
Pour laisser place à la brise féconde.

Au clair du premier silence,
Lorsque le vent aura cessé son insistance,
Lorsque le temps aura posé ses danses
Verrais-tu les couleurs de ma joie ?

Ces quelques dégradés,
Ces quelques ombragées
Conquérir le bleu du ciel
Et redessiner le firmament éternel ?

Si le vent fleurissait,
Tant de roses pour célèbrer ton arrivée !

Parce que tu es la joie soudaine dans le vent
Parce que tu es le parfum de tous les printemps.

Si le printemps était éternel,
Sentirais-tu la première floraison charnelle ?


Le premier sublime de l'existence
Comme un nouvel univers de chances.


Si le printemps était éternel
Sentirais-tu la force de l'étincelle
D'un nouveau soleil
Qui à tue-têtes redonne l'éveil
Aux fées engourdies par l'hiver,
À la licorne qui fait s'étinceller les rivières
Dans un champ de lumière
Plus libre que l'oiseau,
Plus libre que le premier mot ?


Ton printemps se poserait-il à côté du mien ?
Pour que nos deux saisons fleurissent le chemin,
Le parfument, le dansent, le chantent,
Et s'épanouissent loin de la tourmente :
Le jour, arrêté dans sa course par la nuit,
Le chant de l'oiseau interrompu par l'orage pourtant interdit,
Le solstice qui propose un nouveau temps.


Sentir ces nouveaux instants
Courir après l'éternité
Pour aimer,…
Peut-être plus que de raison.
Pardon.

Si pour lui, les oiseaux proposaient le dernier concert
Du jour…, pour revenir au lendemain d'hier ;
Et dans ce labyrinthe temporel
Ouvrir les portes de la liberté providentielle :
Celle qui laisse jouer les enfants
Dans toutes les maisons d'un temps,
Enfin doux,
Un peu fou ;
Qui laisserait la mer ouvrir ses trésors
Qui offrirait à tous les mêmes ors,
Jaunes, blancs, roses, noirs,
Gris, rouges, verts, bleus, violets
Et le plus profond qui paraît avec le soir,
Et qui fait danser la première étoile de la voix lactée.

Je me souviens de mon père
Lorsqu'il faisait danser ma mère.

Je me souviens d'un homme soudain vieux
Qui cherchait une réponse dans mes yeux,
Et qui ne trouvait qu'une immense souffrance
Parce qu'en moi était le silence,
D'une adolescence torturée.

Et sur les pas de Rimbaud, j'allais
À la recherche de la vraie vie.

Si encore une fois, la pluie
Tremblait sur les carreaux un peu gris
De toute cette poussière
Qui disparaît en un éclair.

Si je t'attendais encore une fois,
Pour te retrouver toi.
Aux portes de ma joie,
Et refaire avec toi, tous les chemins
Qui font le soir jusqu'à son matin,
Une petite avancée sur la mer,
Une première et dernière,
Fois
Encore une fois.

Et pour que le cycle ne s'interrompt pas
J'irai encore courir là-bas
Là où tu as posé ta maison,
Où j'ai chanté l'horizon
Pour toi,
Encore une fois.

Encore une fois, je t'envoie ces mots
Sans savoir si tu les liras.

Sans savoir si la pluie reviendra
Caresser ta vie et ton drapeau.

## Et si toi

Et si toi, tu savais tout cela :
Toutes ces paroles
Que je reçois des fées frivoles,
Qui me proposent des réponses aux questions
Que je n'ai encore jamais osé poser
Et qui tremblent aux portes du pardon
Juste pour un été.

Et l'hiver qui arrive, sera-t'il en compagnie
De ma muse aguerrie,
Douce et fidèle
Pour laquelle
J'espère offrir une parcelle de paradis ?

Ce paradis qui est en moi
Et que j'ai construit pas après pas,
Dans les jours anonymes
Dans les secondes infimes.

Et l'horloge qui court
À la recherche de cet amour,
Qui fait tourner le monde,
Qui quelquefois explose et inonde
Telle une marée
Rendue folle par ses chevaux bleutés.

Et si auprès du temps, j'allais marcher,
Puis m'asseoir quelques instants
Pour que tu sentes l'éclat de ma liberté,
Semblable aux premiers mots prononcés
Le siècle dernier.

Et si auprès du temps
Tu cherchais le remède de l'instant
Pour que soudain, il s'illumine
De pourpre et de roses divines ;
Et revienne en toutes floraisons
Sur l'intime chanson,
De mon cœur
Vibrant de sa lueur.

Si vive que chacun de ses mots atteigne des arcs-en-ciel
Intrépides comme des enfants rebelles,
Des dégradés de couleurs
Qui n'hésitent pas à se mêler à mon bonheur.

J'ai assisté à bien des commencements
Mais le plus beau te chantait souvent,
Alors j'ai tendu la clef
À la reine des fées
Et elle m'a dit merci,
Alors j'ai souri.

Et pourtant malgré moi
J'irai encore jusqu'à toi.
Parce que se dessinent dans mes veines
Le sang et le remède contre ta haine,
Le sang et la potion de mon amour
Comme un lit de velours
Où épuisé le guerrier
Ira brandir le drapeau de la paix.


Et pourtant, encore tu iras chercher la perle d'or
Et pourtant, encore je passerai à droite de la porte de la mort
À la porte de corne
Devant laquelle se couche la blanche licorne,
Et j'irai donner une nouvelle chance à Orphée
Pour qu'il puisse non seulement libérer Eurydice,
Mais surtout l'aimer,
Devant toute la justice
Des enfers :
Arès et Cerbère
Et l'épouser et pourtant
Une deuxième fois, après avoir fait le serment,
Qui lors du Styx traversé
A fait oublié
Le Cocyte et le Léthé,
Le Phlégéthon
Et l'Achéron.

# Et si demain

Et si demain, l'humanité serait inondée de lumière :
Plus aucune misère, plus de guerre.


Juste d'immenses champs de blé
Des collines de vignes sucrées.


Et si demain, paraîssait ton sourire
Comme le premier élixir
Comme la première réponse des dieux,
Devant ton visage couvert de vœux,
Alors, tu saurais tout espérer
Et…, tout pardonner.


Et si demain,
Tu me prenais la main
Pour m'emmener au pays
Inconnu de tous, à l'abri
De nos rêves.


Et si demain, naissait la trêve
Universelle du partage,
Verrais-tu sur mon visage
Le sourire de la joie.
Qui de toi à moi
S'appellerait par ton prénom ?

Et si pour le plaisir,
Tu acceptais chacun de mes délires
Ensemble nous irons rire
Aux portes du palais interdit
Et le troubadour nous tendrait la clef, dans un rire promis.

Un peu de liberté
Pour laisser le corps exulter,
Pour laisser l'instant fleurir
D'une vie qui ne veut pas mourir
Et qui cherche sans cesse l'amant
Qui posera des gouttes d'or sur le silence s'endormant.

Et quand la nuit viendra
La magie ira
Loin,
Très loin.
Jusqu'aux portes de l'infini
Là où s'inquiète la vraie vie ;
Celle qui commence par la mer allée avec le soleil
Celle qui fait jaillir la merveille,

Ton buste sculpté jaillissant
Depuis les fonds de l'océan.
Et qui vêtu d'or et de pierreries
S'offrirait à la mendiante.

Quelquefois en t'attendant,
Je me fais sirène des océans
Ou chanson du coquillage
Brassé par les écumes de passage.


Le chant parle de ce roi
Qui ignorait tout de cet état,
Et qui chemin faisant
S'habillait tout de blanc.


Je chante pour ce roi aux longues mains
Qui cultive la fleur d'amour dans son jardin,
Je chante pour ce mendiant
Qui rassemble les gouttes de vie éparses dans le temps.


Si tu pouvais m'entendre,
Te ferais-tu toujours aussi tendre
Pour que la nuit à nos pieds
Pose la couronne des instants bénis et sacrés
Où tu décides enfin
De garder ma main dans ta main.


Alors, nous irions marcher
Sur la page bleu animée
De soleil et de désir
Animée par seuls tes soupirs.

# Si mon alpha

Si mon alpha, devenait ton oméga,
Alors, plus rien ne nous séparerait
Et notre vie atteindrait des sommets
De rires et de nuées empourprés
Par le seul son de ta voix :
Car tu commandes à tous les oiseaux
Car tu diriges tous les bateaux
Sur le sillon des voyelles de Rimbaud.


Si mon alpha pouvait tout rebâtir,
Et faire s'élever jusqu'aux cieux tous tes rires,
Je me ferais peintre pour esquisser ton sourire,
Je me ferais sculpteur pour créer ta force et ton courage
Et le glaive à la main, tu franchirais les terres de passage
Où tes sandales voleront jusqu'à ma couche ;
Et, oui, tu seras aimé
Comme le premier, le dernier
Homme de toute l'éternité.


Si mon alpha pouvait offir le coffret
De cette silencieuse vérité
Alors nous partagerions le festin
Réservé aux rêves et aux divins,
Et sûrement, le paradis se donnerait
Comme l'unique destinée.

## Si j'étais

Si j'étais cette goutte d'eau
Qui glisse le long de tes carreaux,
Si j'étais la larme sucrée
Que j'irais chercher
À vol de baiser,
Alors ta bouche et le vent
Ensemble feraient de nous des amants
Des enfants de l'amour
Qui accompagnent le jour
Tout le long du jour.

Si j'étais partie,
Au simple monde de la vie
Aurais-tu moins peur de mourir ?
Si chaque jour, je devais revenir
À tous les matins de ton rire,
Verrais-tu en moi ce soleil qui ne brille que pour t'aimer ?
À tous les prémices du moindre de tes baisers ?

Et si notre union se voulait soudainement
Chanson, rêve et cheminement
Irais-tu sur la route qui mène à la victoire,
À la victoire des fleurs sur la moisissure,
À la victoire du petit jour, sur le grand soir,
À la victoire d'un temps qui passe et dure,
Le temps d'un premier amour ;
Si j'étais…

# Table des matières

# *Références bibliographiques*


[i] Ex, 20.2-3